**Bibliografische Information der Deutschen Nationalbibliothek:**

Die Deutsche Bibliothek verzeichnet diese Publikation in der Deutschen Nationalbibliografie; detaillierte bibliografische Daten sind im Internet über http://dnb.d-nb.de/ abrufbar.



**Impressum:**


Druck und Bindung: Books on Demand GmbH, Norderstedt Germany
ISBN: 978-3-668-13948-0

**Dieses Buch bei GRIN:**

http://www.grin.com/de/e-book/282510/was-ist-smart-metering

Christian Schäfer

# Was ist Smart Metering?

GRIN Verlag

# Was ist Smart Metering?

Christian Schäfer

**Inhaltsverzeichnis**

## Abkürzungsverzeichnis

| | |
|---|---|
| AHP | Analytic Hierarchie Process |
| AMI | Advanced Metering Infrastructure |
| AMM | Automated/Advanced Meter Management |
| AMR | Automated Meter Reading |
| ARIS | Architektur integrierter Informationssysteme |
| ARQ | Automation Repeat Request |
| BMWi | Bundesministerium für Wirtschaft und Technologie |
| BNetzA | Bundesnetzagentur |
| CSMA/CA | Carrier Sense Multiple Access with Collision Avoidance |
| CIM | Common Information Model |
| CIS | Customer Information System |
| DECT | Digital Enhanced Cordless Telecommunication |
| DIN | Deutsche Industrie Norm |
| EDCF | Enhanced Distribution Coordination Function |
| EDL | Energiedienstleister |
| EnWG | Energiewirtschaftsgesetz |
| HCF | Hybrid Coordination Function |
| IEEE | Institute of Electrical and Electronics Engineers |
| IEC | International Electrotechnical Commission |
| IKS | Informations- und Kommunikationssystems |
| ISO | International Standardization Organisation |
| KNX | Konnex |
| LAN | Local Area Network |
| LMS | Load Management System |
| MAMS | Meter Asset Management System |
| MDL | Messdienstleister |
| MDMS | Meter Data Management System |
| MessZV | Messzugangsverordnung |
| MMS | Meter Maintenance System |
| MS | Metering System |
| MSB | Messstellenbetreiber |
| MUC | Multi Utility Communicator |
| NOS | Network Operations Systeme |
| OMS | Outage Management System |

| | |
|---|---|
| PLC | Powerline Communication |
| TDMA | Time Division Multiple Access |
| UML | Unified Modeling Language |
| ÜNB | Übertragungsnetzbetreiber |
| VNB | Verteilnetzbetreiber |
| WAN | Wide Area Network |
| WLAN | Wireless Local Area Network |
| WMS | Workmanagement System |

## Symbolverzeichnis

| | |
|---|---|
| $P_v$: | Verfügbarkeit eines Kommunikationssystems |
| MTTF: | Mean Time to Failure - Funktionsdauer eines Kommunikationssystems |
| MDT: | Mean Down Time - Ausfalldauer eines Kommunikationssystems |
| | |
| $r_n$: | Nutzenübertragungsrate einer Übertragungstechnologie |
| $r_b$: | Bruttodatenrate einer Übertragungstechnologie |
| $t_g$: | Gesamtübertragungszeit eines Datenpakets |
| $t_n$: | Übertragungszeit des Nutzdatenanteils eines Datenpakets |
| $t_s$: | Übertragungszeit des Steuerungsdatenanteils eines Datenpakets |
| $t_w$: | Wettbewerb- und Wartezeit eines Datenpakets |
| | |
| S: | Leistungsflussdichte im elektromagnetischen Feld |
| E: | elektrische Feldstärke einer Sendeleistung |
| P: | Sendeleistung |
| Z: | Wellenwiderstand |
| d: | Entfernung zum Sender |
| | |
| A: | Umfang an auswählbaren Alternativen |
| i,j,k: | Elemente des Alternativenumfangs |
| CR: | Consistency Ratio - Konsistenzwert |
| CI: | Consistency Index - Konsistenzindex |
| RI: | Random Index - Konsistenzindex reziproker Zufallsmatrizen |

## Einleitung

Im Zeitalter knapper Ressourcen und des zunehmend wahrzunehmenden Klimawandels sind Maßnahmen zum Klimaschutz notwendig. Erste Auswirkungen der Klimaveränderungen sind bereits heute spürbar. Untersuchungen zeigen, dass gegenläufig zum aktuellen Trend die globalen Emissionen bis zum Jahr 2050 im Vergleich zum Jahr 1990 um mindestens 50 % reduziert werden müssen, um eine Verdopplung der CO2-äquivalenten Treibhausgaskonzentration des vorindustriellen Wertes zu verhindern. Der Energiewirtschaft kommt auf Grund des Anteils fossiler Energieträger von 85-90% an der Treibhausgasemission eine besondere Bedeutung zu.[1]
Zur Lösung der Probleme aus der konventionellen Energieversorgung werden seit Jahren erneuerbare Energien wie Photovoltaik oder Windkraft vom Gesetzgeber in hohem Maße gefördert. Bis 2020 sollen diese in Deutschland 20% (EU 22%) der elektrischen Energieversorgung erzeugen, wovon mehr als 10% auf die in den letzten Jahren stark wachsende Windkraft entfällt. Der Geschwindigkeit des Ausbaus erneuerbarer Energieerzeuger sind aber technische Grenzen gesetzt. Bis diese den Strombedarf in Deutschland vollständig abdecken können, sind für die Erreichung der Klimaschutzziele Energieeffizienzmaßnahmen notwendig.[2]
Durch die Zunahme dezentraler Energieerzeuger und Reduzierung konventioneller Kraftwerke wird zur Aufrechterhaltung der Versorgungssicherheit der Netze zunehmend eine kommunikative Vernetzung und aktive Steuerung von Energieerzeugung und -verbrauch (Smart Grids) notwendig.
Smart Metering setzt genau bei diesen Problemstellungen an. Durch die Umstellung der Zählertechnologie von den nicht kommunikationsfähigen Ferrariszählern hin zu vernetzten bidirektional kommunizierenden intelligenten Zählern (Smart Meter), werden die Voraussetzungen für Smart Grids geschaffen. Zugleich bietet das Smart Metering neben Effizienzsteigerungen durch eine automatische Zählerfernauslesung und -steuerung das Potential zur Steigerung der Energieeffizienz durch einen integrierten regelmäßigen Feedbackprozess verbrauchter Energie. Empirischen Studien zufolge werden durch die regelmäßigen Informationen 5 bis 15% an elektrischer Energie eingespart.[3]
Weitere Potentiale können durch einen spartenübergreifenden Ansatz (Strom, Gas, Wasser, Wärme) sowie der Einführung variabler Tarifmodelle gehoben werden. Durch

---

1 Vgl. Nestle, D. (2008), S. 2.
2 Vgl. Nestle, D. (2008), S. 3 ff.
3 Vgl. Mountain, D. (2006), S. 3 f.; Parker, D. et al. (2008), S. 4 ff. und Darby, S. (2006), S. 11.

eine Verknüpfung des Metering Informations- und Kommunikationssystems mit der intelligenten Gebäudetechnik (Smart Home) können darüber hinaus mit sogenannten Demand-Response-Programmen weitere Energieeinspareffekte realisiert werden.
Das Smart Metering entwickelte sich von Automated Meter Reading Systemen (AMR) mit dem Ziel der Zählerfernauslesung hin zu einem bidirektionalen Automated Meter Management System (AMM) mit weiteren Funktionen, wie bspw. die Fernabschaltung oder Leistungsbegrenzung von Zählern. Die nachfolgende Abbildung zeigt die dafür notwendige technische Infrastruktur (Advanced Metering Infrastructure - AMI).[4]

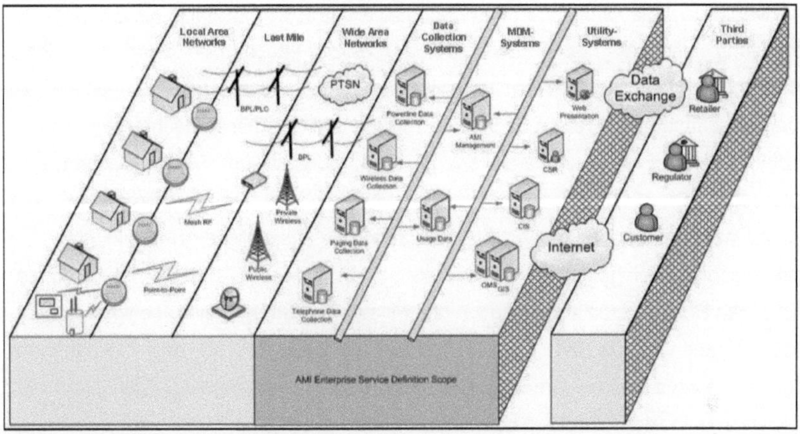


Abbildung 1: Metering Infrastruktur[5]

# 1. Rechtliche Rahmenbedingungen des Smart Metering

Die normativen Rahmenbedingungen für Smart Metering können in drei Ebenen unterteilt werden. Auf oberster Ebene stehen die EU-Verordnungen. Die zweite Ebene bilden die Gesetze und Rechtsverordnungen des Bundes, welche die EU-Richtlinien in nationales Recht umsetzen. Die dritte und damit unterste Ebene beinhaltet die Beschlüsse der Bundesnetzagentur.

## *1.1 EU-Richtlinien*

Auf der Ebene der EU ist insbesondere die Richtlinie 2006/32/EG über Endenergieeffizienz und Energiedienstleistungen (EDL-Richtlinie) von Bedeutung. Diese wurde zur Steigerung der Energieeffizienz, Steuerung der Energienachfrage und

---

4 Vgl. Schomerus, T., Sanden, Joachim, Benz, Steffen (2008), S. 228 bis 229.
5 Quelle: in Anlehnung an: Open Smart Grid Users Group (2008), o.S.

Förderung der Erzeugung erneuerbarer Energien erlassen. Als verbindlichen Zielwert wurde eine Energieeinsparung in Höhe von 9% bis zum Jahr 2016 auf Basis des Durchschnittswertes der Jahre 2001 bis 2005 festgelegt.[6] Dieses Ziel soll über eine Reduktion des Energieverbrauchs des Endverbrauchers erreicht werden, in dem die Transparenz erhöht wird und Anreize zur Verbrauchsreduktion oder Verlagerung in lastschwache Zeiten gegeben werden. In dieser Richtlinie wird zwar keine bestimmte Zählertechnik vorgeschrieben, jedoch werden Kriterien an diese Technik festgelegt.

Nach Artikel 13 Abs. 1 der Richtlinie haben die Mitgliedstaaten sicherzustellen, dass bei allen Endkunden individuelle Zähler eingesetzt werden, welche den tatsächlichen Energieverbrauch des Endkunden und die tatsächliche Nutzungszeit widerspiegeln. Die Verpflichtung umfasst neben dem Bereich Strom auch die Sparten Erdgas, Fernheizung/-kühlung und Warmbrauchwasser. Die Zähler müssen jedoch zu wettbewerbsorientierten Preisen angeboten werden und der Einsatz technisch machbar, finanziell vertretbar und in Relation zu den potenziellen Energieeinsparungen angemessen sein. Bei Neubauten und Durchführung von Großrenovierungen[7] wird dieses als gegeben angenommen.[8] Die Erfassung des tatsächlichen Energieverbrauchs ist mit den bisher eingesetzten Zählern bereits sichergestellt. Die Aufzeichnung der tatsächlichen Nutzungszeit macht jedoch den Einsatz von Smart Metern notwendig.

Darüber hinaus fordert der Absatz 2 eine Abrechnung, die den tatsächlichen Energieverbrauch auf eine klare und verständliche Weise wiedergibt. Dieser Punkt wird beispielsweise in der Sparte Strom nach § 16 StromGVV bereits in der Praxis angewendet. Nach Satz 2 und 3 des Abs. 2 soll darüber hinaus dem Kunden mit der Abrechnung auch ein umfassendes Bild der gegenwärtigen Energiekosten vermittelt werden und der Turnus der Rechnungslegung so angepasst werden, dass die Kunden in die Lage versetzt werden, ihren eigenen Verbrauch zu steuern. Die bisher nur jährlich durchgeführten Abrechnungen konnten keine Steuerungswirkung entfalten. Ein umfassendes Bild der gegenwärtigen Energiekosten soll nach Abs. 3 durch einen Vergleich mit dem eigenen Energieverbrauch des Vorjahreszeitraums (vorzugsweise in grafischer Form) und einem normierten Durchschnittsverbraucher gleicher Kategorie erreicht werden.[9] Die Häufigkeit der Rechnungslegung und die damit verbundene Ablesung macht ein Technologiewechsel hin zu intelligenten Zählern und Infrastrukturen notwendig. In Deutschland hat aus diesem Grund die Bundesregierung in dem ersten von drei zu erstellenden Energieeffizienz-Aktionsplänen (EEAP) explizit die schnelle

---

6 Vgl. RICHTLINIE 2006/32/EG (2006), S. 75.
7 Im Sinne der RICHTLINIE 2006/32/EG (2006), S. 65.
8 Vgl. RICHTLINIE 2006/32/EG (2006), S. 72.
9 Vgl. ebd., S. 72.

Verbreitung von Smart Metering als Maßnahme zur Zielerreichung aufgenommen.[10] Das Bundesministerium für Wirtschaft und Technologie (BMWi) in Deutschland sieht mit der Einführung des Smart Metering neben der Zählerfernauslesung weiteres Einsparpotenzial, bspw. durch Funktionen der Fernauf- und -abschaltung, Tarifregister und Leistungsbegrenzung, ohne jedoch die Einsparungshöhe zu beziffern.[11]

Nach dem Integrierten Energie- und Klimaprogramm der Bundesregierung (IEKP) sollen die neuen Technologien zur Verbrauchssteuerung spätestens im Jahr 2012 flächendeckend zum Einsatz kommen.[12]

Eine weiterer Impuls für die Einführung von Smart Metering bringen die Neuerungen in der Versorgungssicherheits-Richtlinie 2005/89/EG mit sich, welche zum Zwecke der Erhaltung des Gleichgewichts zwischen Elektrizitätsnachfrage und vorhandener Erzeugungskapazität erlassen wurde. Nach Artikel 5 Abs. 2 lit. d) wird den Mitgliedstaaten die Möglichkeit gegeben, Implementierungen von Technologien zur Echtzeit-Nachfragesteuerung zu fördern.[13]

Von der Messgeräte-Richtlinie 2004/22/EG geht zwar kein Impuls aus, die Vorgaben an die Elektrizitätszähler hinsichtlich Messsicherheit, Messtechnik und der Sicherheit der Messdaten sind jedoch von großer Bedeutung. Die neuen intelligenten Zähler müssen diesen und den aus der Richtlinie abgeleiteten nationalen eichrechtlichen Vorgaben genügen.

In dem am 22. April 2009 verabschiedeten Dritten Binnenmarktpaket zur Liberalisierung von Strom- und Erdgasmarkt wurde sich u.a. auf das weitere Vorgehen bezüglich der Einführung von Smart Metering geeinigt. So sollen die Mitgliedstaaten innerhalb von 18 Monaten die Wirtschaftlichkeit und Kosteneffizienz sowie den zeitlichen Rahmen der Einführung von Smart Metern überprüfen und bei positiver Beurteilung den Einbau bis zum Jahr 2020 bei mind. 80 % der Haushalte sicherstellen.[14]

### *1.2 Nationale Vorgaben*

Zur Umsetzung der EDL-Richtlinie in deutsches Recht wurde das Energiewirtschaftsgesetz (EnWG) novelliert. Um eine schnelle Verbreitung der intelligenten Zähler zu erreichen, soll gleichzeitig das Strom-Messwesen für den Wettbewerb vollständig geöffnet werden.[15] Der Einbau intelligenter Messeinrichtungen ist in den §21b Abs. 3a des EnWG eingeflossen. Aktuell ist in dem Entwurf des neuen

[10] Vgl. Bundesministerium für Wirtschaft und Technologie (BMWi) (2007b), S. 7.
[11] Vgl. ebd., S. 49.
[12] Vgl. Bundesministerium für Wirtschaft und Technologie (BMWi) (2007), S. 15 und 17.
[13] Vgl. RICHTLINIE 2005/89/EG vom 18. Januar (2006), S. 22.
[14] Vgl. RICHTLINIE 2009/72/EG vom 13. Juli (2009), S. 91.
[15] Vgl. Bundesministerium für Wirtschaft und Technologie (BMWi) (2007b), S. 15.

Energieeffizienzgesetzes vorgesehen, durch die Streichung der Bedingungen technische Machbarkeit und Kostenwirksamkeit die Verbreitung der Smart Meter zu beschleunigen. Neben der Übernahme der EU-Vorgaben hinsichtlich der Abrechnung in § 40 EnWG Abs. 2 schreibt der Abs. 3 zusätzlich vor, dass ab dem 30. Dezember 2010 Energieversorgungsunternehmen „mindestens einen Tarif anbieten müssen, der Anreiz zu Energieeinsparung oder Steuerung des Energieverbrauchs" gibt. Als Tarife kommen insbesondere lastvariable oder tageszeitabhängige Tarife in Betracht.

Um den Rahmen des § 21b EnWG auszufüllen, trat am 23. Oktober 2008 in Deutschland die Messzugangsverordnung (MessZV) in Kraft. Außerdem wurden Änderungen in der Strom- und Gasnutzungsverordnung sowie der Niederspannungsanschluss-, Niederdruckanschluss- und Anreizregulierungsverordnung vorgenommen. Das Smart Metering ist damit im deutschen Recht für die Sparten Strom und Gas bereits aufgenommen. In § 13 MessZV wird die Bundesnetzagentur (BNetzA) ermächtigt, Festlegungen hinsichtlich zulässiger Mindestanforderungen an Verträgen, Geschäftsprozessen und Datenformaten zu treffen.

Darüber hinaus ist das bereits angesprochene Eichrecht von Bedeutung. Dieses setzt sich aus dem Eichgesetz und der Eichordnung zusammen und regelt die Anforderungen an die Zähler hinsichtlich Richtigkeit, Sicherheit, Verlässlichkeit und Reproduzierbarkeit der durchgeführten Messungen. Die Einrichtungen zur Übertragung der Messwerte sind allerdings von einer Eichung ausgenommen. Durch die Verwendung elektronischer Zähler verkürzt sich die Eichgültigkeitsdauer eines Elektrizitätszählers von 16 auf 8 Jahre.[16] Der Hintergrund des kürzeren Zeitraums liegt nach Auskunft der Physikalisch-Technischen-Bundesanstalt zum großen Teil in den noch nicht ausreichend vorhandenen Erfahrungen im Langzeitverhalten hinsichtlich der Messbeständigkeit elektronischer Elektrizitätszähler begründet. Die Eichgültigkeitsdauer des mechanischen Ferrariszählers hat sich erst im Laufe der Zeit nach Vorliegen von Erfahrungswerte sowie der Verwendung beständigeren Materials von anfangs 8 Jahren über 12 Jahre hin zu den bis heute geltenden Zeitraum von 16 Jahren erhöht. Eine analoge Entwicklung bei elektronischen Zählern bleibt fraglich, da keine einheitlichen Funktionen bzw. Messprinzipien und unterschiedliche Materialien verwendet werden. Zudem weisen diese gegenüber den mechanischen Geräten keine stetige Abnutzung, sondern ein ungleiches Ausfallverhalten auf, welches auch eine Stichprobenprüfung zur Verlängerung der Eichgültigkeitsdauer erschwert. In dem Stichprobenverfahren werden zufällig ausgewählte Geräte gleicher Beschaffenheit und Baujahrs dem Feld entnommen und im Labor auf Messgenauigkeit überprüft. Eine Vorortbesichtigung eines jeden

[16] Vgl. § 12 Abs. 1 i.V.m. Anhang B 20.3.

Zählers und Erneuerung des Eichstempels ist wie bisher nicht notwendig. Verläuft die Prüfung positiv, kann die Frist für elektronische Elektrizitätszähler um weitere 5 Jahre auf insgesamt 13 Jahre verlängert werden. Vergleicht man den Nutzungszeitraum beider Zählervarianten so bleibt festzustellen, dass die neuen Smart Meter eine wesentlich kürzere Lebensdauer besitzen und durch eine Zunahme der Herstellungs-, Entsorgungs- und Austauschprozesse zusätzliche Energie[17] verbraucht wird, welche bei der Bewertung der Effizienzvorteile des Smart Metering mit eingerechnet werden muss. Es bleibt abzuwarten, ob ggf. durch mathematische Methoden zur Ausfallwahrscheinlichkeit mittel- bis langfristig eine höhere Eichgültigkeitsdauer von Smart Metern und damit Reduzierung grauer Energie zu erreichen ist. Im Mittelpunkt dieser Arbeit steht vorrangig der Aspekt der Kommunikation.

Abschließend kann man feststellen, dass der Trend hin zu Smart Grids und Smart Metering seit einigen Jahren durch politische Entscheidungen auf europäischer und deutscher Ebene beflügelt wird. Bei der Einführung des Smart Metering müssen aber die aufgezeigten Anforderungen und Zielstellungen aus den rechtlichen Rahmenbedingungen immer im Blickfeld der Beteiligten bleiben.

## 2 Aufgaben und Rollen der Marktteilnehmer

Zum besseren Verständnis der Zuständigkeiten im Smart Metering ist es notwendig, die vielfältigen Rollen und Aufgaben im Energiemarkt zu analysieren. Die Gesamtaufgabe des Elektrizitätsmarktes ist die Sicherstellung der Versorgung aller Verbraucher mit elektrischer Energie. Zudem sollte die Versorgung auf eine wirtschaftlich effiziente Weise erfolgen. Durch eine Zusammenfassung von Aufgaben und der zugehörigen Lösung zu selbstständigen wirtschaftlichen Einheiten entstehen Rollen. Ein Marktteilnehmer kann dabei verschiedene Rollen einnehmen, in derer er unterschiedliche Verantwortungen trägt, Aufgaben erfüllt und mit anderen Marktakteuren - wie in Abbildung 2 dargestellt - durch unterschiedliche Vertragsverhältnisse in Beziehung steht. Durch die Liberalisierung der Energiewirtschaft, dem sogenannten „Unbundling", haben sich auf europäischer Ebene neue Marktrollen herausgebildet.[18]

---

[17] diese zusätzliche Energie wird oft auch als graue Energie bezeichnet

[18] Vgl. Crastan, V. (2008), S. 109.

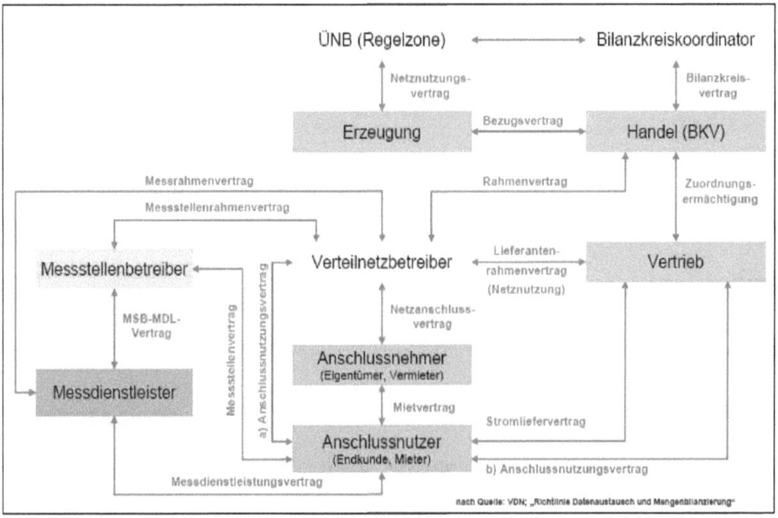


Abbildung 2: Marktakteure und ihre Vertragsbeziehungen[19]

Durch die Liberalisierung der Energiewirtschaft, dem sogenannten „Unbundling“, haben sich auf europäischer Ebene neue Marktrollen herausgebildet. So wurde im ersten Schritt eine Trennung zwischen Energiegeschäft und Transportdienstleistung eingeführt. Neben der Komplexitätserhöhung durch die Vielzahl der Geschäftsbeziehungen steigt auch die Dynamik im Energiemarkt. Ein wettbewerbsmäßig organisierter Energiemarkt besteht aus Erzeuger, Großhändler, Börsen, Energiedienstleister (Lieferanten) und Bilanzkreisverantwortliche. Die Erzeuger der Energie steuern mit dem Verkauf von Kapazitäten an den Großhändler ihren späteren Kraftwerkseinsatz. Vom Großhandel werden entsprechende Energiekontingente direkt oder über die Strombörse an den Energiedienstleister weiterverkauft, welcher dann an den Endverbraucher den Strom liefert. Der Bilanzkreisverantwortliche sorgt für einen Ausgleich zwischen der erzeugten und nachgefragten Energie. Da vor der Lieferung an den Endkunden zahlreiche Handelsprozesse mit Hilfe weiterer Dienstleistungen notwendig sind, wird der Begriff des Energiedienstleisters (EDL) der synonym verwendbaren Bezeichnung des Lieferanten vorgezogen.[20]

Um die erbrachten Leistungen abrechnen zu können sind die oben angesprochenen Rollen im Bereich der Transportdienstleistung notwendig. Der Systembetreiber steuert den aus dem Energiemarktergebnissen abgeleiteten Kraftwerkseinsatz und ist

[19] Quelle: entnommen aus: Frauenhofer Anwendungszentrum Systemtechnik (2008), S. 8.
[20] Vgl. Crastan, V. (2008), S. 109 bis 110.

verantwortlich für die Versorgung. Die Planung, der Bau, die Wartung und der Betrieb der Übertragungs- und Verteilnetze in einem bestimmten Gebiet und gegebenenfalls der Verbindungsleitungen zu anderen Netzen sind Aufgabe des Netzbetreibers. Darüber hinaus soll dieser die langfristige Fähigkeit des Netzes gewährleisten, eine angemessene Nachfrage nach Übertragung und Verteilung von Elektrizität zu decken. Der Netzbetreiber lässt sich in den Übertragungsnetzbetreiber (ÜNB) und Verteilnetzbetreiber (VNB) weiter untergliedern. Die Verwaltung der vom Verbraucher eingegangenen Verträge erfolgt im Netznutzungsmanagement. Der Zählerdienstleister sorgt für den Messdatenaustausch zwischen den Marktteilnehmern. Für den Einbau, den Betrieb und die Wartung der dafür notwendigen Messeinrichtungen ist der Messstellenbetreiber (MSB) zuständig. Die Ablesung der Geräte und die Messung der Energie stellt der Messdienstleister (MDL) sicher.[21]

Auf der Seite der Energienachfrager stehen die Kunden, die als Großhändler oder Endkunde auftreten können. Endverbraucher sind Kunden, die Energie für den eigenen Verbrauch zum Zweck der privaten (Haushalts-Kunde) oder gewerblichen Nutzung kaufen. Ein Endkunde schließt einen Stromliefervertrag mit dem EDL ab. Ist der Endverbraucher auch Eigentümer des Anschlusses, ist er neben der Rolle des Netznutzers gleichzeitig auch der Anschlussnehmer.[22]

Eine zentrale Rolle nimmt die BNetzA ein. Als oberste deutsche Bundesbehörde (Regulierungsbehörde) nimmt sie Aufgaben zur Aufrechterhaltung und Förderung des Wettbewerbs in den Netzmärkten war. Nach dem § 5 EnWG vergibt die BNetzA die Zulassung, um auf dem deutschen Strommarkt tätig zu werden. Darüber hinaus gibt sie auf Basis der gesetz- und verordnungsgeberischen Ermächtigungsgrundlagen Marktregeln vor (z.B. Geschäftsprozesse zur Kundenbelieferung mit Elektrizität, GPKE).[23]

## 3 Auswirkungen

Die gesetzlichen Vorgaben zum Einbau und Betrieb intelligenter Zähler sowie der Einführung lastgangvariabler Tarife führen zu Aktivitäten in den Rollen des Verteilnetzbetreibers und EDL. Zahlreiche Pilotprojekte wurden initiiert. Durch die Liberalisierung des Messwesens entstanden aus der Rolle des VNB in Deutschland zwei

---

[21] Vgl. Crastan, V. (2008), S. 110 bis 111.
[22] Vgl. RICHTLINIE 2009/72/EG (2009), S. 63.
[23] Vgl. EnWG (2009), S. 10.

zusätzliche Marktrollen. Im Falle des Einsatzes von Smart Metern dürfen die Rollen des MSB und MDL nicht auseinanderfallen.[24]

Für den VNB als bisherigen Verantwortlichen ergibt sich die Fragestellung, ob dieser den Messstellenbetriebes und die Messdienstleistung weiterhin selbst durchführt oder die Tätigkeiten an einen Dritten übertragen werden sollen. Ein Vorteil des Outsourcings ist die Bündelung von notwendigem IT-Know-How für das Datenmanagement, welchem bei Smart Metering auf Grund veränderter Ablesezyklen eine wichtige Rolle zukommt. Zudem gelingt es entsprechende Mindestgrößen für einen wirtschaftlichen Betrieb zu erreichen. Andererseits verfügt der VNB über eine Infrastruktur, mit derer die Messdaten via PLC übertragen werden können und gleichzeitig Grundlage weiterer Dienstleistungen wie bspw. Home Automation sein kann. Für eine weitere Durchführung spricht auch die Tatsache, dass die Verantwortungen bei Beendigung bzw. beim Ausfall des MSB und MSD wieder auf den Verteilnetzbetreiber zurückfällt. Folglich muss sich dieser gegen einen Ausfall durch Vorhalten der notwendigen Technik oder der Dienstleistung Dritter absichern. Insbesondere sollte vertraglich zwischen dem VNB und dem Dritten geklärt werden, inwieweit die installierten Smart Meter bei einem Rückfall weiter genutzt werden können.[25]

Darüber hinaus bleiben weitere Pflichten aus dem Bereich des Zähl- und Messwesens im Verantwortungsbereich des VNB. So muss dieser beispielsweise nach § 4 Abs. 4 MessZV die Verwaltung der Zählpunkte sowie die Aufbereitung, Versendung und Archivierung der Messdaten übernehmen. Zudem muss auf Verlangen des MSB und MDL nach § 3 Abs. 3 MessZV der VNB Messstellen- und Messrahmenverträge abschließen.[26] Dies erfordert auch eine Anpassung der Prozesslandschaft.

Neben der Einführung von Smart Metern bringen die EU-Richtlinien auch neue Anforderungen an den EDL mit sich. Auf der einen Seite steht die Verkürzung der Abrechnungszeit bis hin zu monatlicher Rechnungsstellung. Andererseits wird die Einführung lastgangvariabler oder tageszeitabhängiger Tarife zum 30.12.2010 gefordert. Auch wenn die Pflicht zur Haltung und Archivierung der Messdaten beim Verteilnetzbetreiber liegt, profitiert auch der EDL von einer deutlich besseren Datenbasis. Bei einer viertelstündlichen Ablesung werden jährlich 35.040 Messwerte pro Haushalt als Dokumentation des Lastverhaltens ermittelt. So können Mengenrisiken des EDL im

---

[24] Vgl. Bachmann, I. (2009), S. 56, 65.
[25] Vgl. Bachmann, I. (2009), S. 56 bis 58.
[26] Vgl. MessZV (2008), S. 2 bis 3.

Spot- und Ausgleichsenergiemarkt durch eine feinere Kundensegmentierung reduziert werden.[27]

Ein weiterer Vorteil der Smart Meter entsteht durch die bidirektionale Kommunikationsmöglichkeit zwischen dem Endverbraucher und dem EDL. Durch die Sendung von Preissignalen können die Spitzenlasten reduziert und Nachfragetiefs ausgeglichen werden. Darüber hinaus sind auch weitere Mehrwertdienstleistungen sowie eine Energieeffizienzberatung denkbar. Dabei werden die Grenzen von Mehrwertdiensten von den technischen Möglichkeiten des Smart Meter vorgegeben.[28]

Beim Umgang mit den Daten sind neben dem Schutz vor Zugriffen unberechtigter Dritter durch eine entsprechende Verschlüsselung auch die Anforderungen des § 21b Abs. 2 EnWG i.V.m. § 9 Abs. 1 EnWG einzuhalten. Neben der Wahrung der Vertraulichkeit wirtschaftlich sensibler Daten soll auch im Falle der gleichzeitigen Ausübung der Rolle EDL bzw. Netzbetreibers und MSB/MDL die Offenlegung von Informationen diskriminierungsfrei erfolgen.[29]

Die beiden neuen Marktrollen des MSB und MDL haben die Option passiv im Markt ohne Nennung des eigenen Namens als Dienstleister verschiedener Netzbetreiber oder EDL oder aktiv durch Auswahl des Anschlussnutzers aufzutreten. Nach § 9 Abs. 2 MessZV kann zusätzlich der Anschlussnutzer für die Durchführung der Messung einen vom MSB abweichenden MDL beauftragen, sofern es sich nicht um elektronisch auslesbare Messeinrichtungen handelt. Folglich wird bei der Nutzung von Smart Metern immer ein Unternehmen beide Rollen ausführen. Weiter hat der MDL nach Abs. 3 i.V.m. § 12 Abs. 2 zu gewährleisten, dass eine einwandfreie Messung sowie die form- und fristgerechte elektronische Datenübertragung an den Netzbetreiber erfolgen. Dabei muss das Format der Messdaten für die vollautomatische Weiterverarbeitung im Rahmen des Datenaustauschprozesses unter den Beteiligten geeignet sein.[30]

Insgesamt bleibt festzustellen, dass die Einführung des Smart Metering für die Marktakteure viele Chancen aber auch Veränderungen mit sich bringt. Bei der technischen Umsetzung gibt es allerdings nur unzureichende Konzepte, welche die geeignete Technologieauswahl für einen Energieversorger ermöglichen.

---

[27] Vgl. Bachmann, I. (2009), S. 59 bis 64.
[28] Vgl. Bachmann, I. (2009), S. 59 bis 64.
[29] Vgl. ebd., S. 59 bis 64.
[30] Vgl. ebd., S. 65.

## Literaturverzeichnis (inklusive weiterführender Literatur)

Allweyer, T. (2005): Geschäftsprozessmanagement, Strategie, Entwurf, Implementierung, Controlling, Herdecke, Bochum, 2005.

Babic, M. (2007): Analyse und Optimierung codierter OFDM-Systeme für schnelle Powerlinekommunikation, Diss., Duisburg, Köln, 2007.

Bachmann, J., Ivanic, R. (2009): Zentrale Eckpfeiler eines Vorgehensmodells zur Einführung von Smart Metering für EVUs mittlerer Größe, in: Köhler-Schute, C. (Hrsg.), Smart Metering, Technologische, wirtschaftliche und juristische Aspekte des Smart Metering Berlin 2009, S. 54 bis 70.

Conrads, D. (2004): Telekommunikation, Grundlagen, Verfahren, Netze, 5. Aufl., Wiesbaden, 2004.

Crastan, V. (2008): Elektrische Energieversorgung 2, Energie- und Elektrizitätswirtschaft, Kraftwerktechnik, Alternative Stromerzeugung, Dynamik, Regelung und Stabilität, Betriebsplanung und -führung, 2. Aufl., Berlin, Heidelberg, 2008.

Dickerhof, M. (2008): Ein neues Konzept für das bedarfsgerechte Informations- und Wissensmanagement in Unternehmenskooperationen der Multimaterial-Mikrosystemtechnik, Karlsruhe, 2008.

Eymann, T. (2009): Tagungsband zum Doctoral Consortium der WI 2009, Gestaltung nachhaltiger IT-Landschaften in der Energiewirtschaft mit Hilfe von Referenzmodellen, in: Bayreuther Arbeitspapiere zur Wirtschaftsinformatik 2009, Nr. 40, S. 35 bis 44.

Ferstl, O. K., Sinz, E. J., Eckert, S. (2005): Wirtschaftsinformatik 2005. eEconomy, eGovernment, eSociety, Heidelberg, 2005.

Farahani, S. (2008): ZigBee wireless networks and transceivers. Amsterdam, 2008.

Forbrig, P. (2007): Objektorientierte Softwareentwicklung mit UML, 3. Aufl., München, 2007.

Gessler, R., Krause, T. (2009): Wireless-Netzwerke für den Nahbereich, Eingebettete Funksysteme: Vergleich von standardisierten und proprietären Verfahren, Wiesbaden, 2009.

Heinrich, L. J., Lehner, F. (2005): Informationsmanagement, Planung, Überwachung und Steuerung der Informationsinfrastruktur, 8. Aufl., München, 2005.

IEC International Electrotechnical Commission: IEC 61968-9: Application integration at electric utilities – System interfaces for distribution management – Part 4: Interfaces for records and asset management, Berlin, 2007.

IEC International Electrotechnical Commission: IEC 61968-9: Application integration at electric utilities – System interfaces for distribution management – Part 9: Interfaces for meter reading and control, Berlin, 2009.

IEC International Electrotechnical Commission: IEC 61968-11: System Interfaces for Distribution Management – Part 11: Common Information Model (CIM) Extensions for Distribution, Berlin, 2009.

Institute of Electrical and Electronics Engineers: IEEE 802.15.4: IEEE Standard for Information technology - Telecommunications and information exchange between systems - Local and metropolitan area networks - Specific requirements. Part 15.4: Wireless Medium Access Control (MAC) and Physical Layer (PHY) Specifications for Low-Rate Wireless Personal Area Networks (WPANs), 08.09.2006.

Jöcker, P. (2004): Computernetze, LAN - WAN - Internet, 3. Aufl., Berlin 2004.

Krcmar, H. (2010): Informationsmanagement, 5. Auflage, Berlin, Heidelberg, 2010.

Kriesel, W., Sokollik, F., Helm, P. (2009): KNX/EIB für die Gebäudesystemtechnik in Wohn- und Zweckbau, 5. Aufl., Heidelberg, München, Hamburg, u.a., 2009.

Kupris, G.,Sikora, A. (2007): ZIGBEE, Datenfunk mit IEEE 802.15.4 und ZIGBEE, Poing, 2007.

Laux, H. (2005): Entscheidungstheorie, 6. Aufl., Berlin, Heidelberg, 2005.
Lewis, W., Alkemper, C., Schawohl, E. (2009): LAN-Switching und Wireless. CCNA Exploration Companion Guide, München, 2009.
Lüders, C. (2007): Lokale Funknetze, Wireless-LANs (IEEE 802.11), Bluetooth, DECT, Würzburg, 2007.
Lütters, H. (2004): Online-Marktforschung, Eine Positionsbestimmung im Methodenkanon der Marktforschung unter Einsatz eines webbasierten Analytic Hierarchy Process (webAHP), Diss., Wiesbaden, 2004.
Meixner, O., Haas, R. (2002): Computergestützte Entscheidungsfindung, Expert Choice und AHP - innovative Werkzeuge zur Lösung komplexer Probleme, Frankfurt am Main, Wien, 2002.
Merz, H., Hansemann, T., Hübner, C. (2007): Gebäudeautomation, Kommunikationssysteme mit EIB/KNX, LON und BACnet, München, 2007.
Nestle, D. (2008): Energiemanagement in der Niederspannungsversorgung mittels dezentraler Entscheidung, Konzept, Algorithmen, Kommunikation und Simulation, Diss., Kassel, 2008.
Niedermeier, J. (2003): Getrennt angeordnete Zusatzeinrichtungen und Fernzählgeräte, in: Kahmann, M.; Zayer, P. (Hrsg.), Handbuch Elektrizitätsmesstechnik, Vorschriften, Gerätetechnik, Prüftechnik, Energiedatenmanagement Frankfurt am Main 2003, VDE-Verl.; VWEW Energieverl. S. 353 bis 392.
Nocker, R. (2005): Digitale Kommunikationssysteme 2, Grundlagen der Vermittlungstechnik, Wiesbaden, 2005.
Rech, J. (2006): Wireless LANs, 802.11-WLAN-Technologie und praktische Umsetzung im Detail, 2. Aufl., Hannover, 2006.
Saaty, T. L. (1994): How to Make a Decision: The Analytic Hierarchy Process, in: Interfaces 1994, Nr. 24(6), S. 19 bis 43.
Saaty, T. L., Vargas, L. G. (2001): Models, Methods, Concepts & Applications of the Analytic Hierarchy Process, Boston, Dordrecht, London, 2001.
Scheer, A.-W. (2002): ARIS, vom Geschäftsprozess zum Anwendungssystem, 4. Aufl., Berlin, Heidelberg, New York, u.a., 2002.
Schomerus, T., Sanden, J., Benz, S. (2008): Rechtliche Konzepte für eine effizientere Energienutzung. Umweltforschungsplan des Bundesministeriums für Umwelt, Naturschutz und Reaktorsicherheit, Berlin, 2008.
Stamm, P. (2000): Entwicklungsstand und Perspektiven von Powerline communication, Bad Honnef, 2000.
Uslar, M., Grüning, F. (2007): Zur semantischen Interoperabilität in der Energiebranche: CIM IEC 61970, in: Wirtschaftsinformatik 2007, Nr. 49(4), S. 295 bis 303.
Voegele, A. (1999): Das grosse Handbuch Konstruktions- und Entwicklungsmanagement, 2. Aufl., Landsberg/Lech, 1999.
Weber, K. (1993): Mehrkriterielle Entscheidungen, München, Wien, 1993.
Werner, M. (2009): Nachrichtentechnik. Eine Einführung für alle Studiengänge mit 40 Tabellen, 6. Aufl., Wiesbaden, 2009.
Witt, B. C. (2006): IT-Sicherheit kompakt und verständlich, Eine praxisorientierte Einführung, Wiesbaden, 2006.
Zimmermann, H.-J., Gutsche, L. (1991): Multi-Criteria-Analyse, Einführung in die Theorie der Entscheidungen bei Mehrfachzielsetzungen, Berlin, Heidelberg, London, 1991.

**Internet-Quellen**


24/7 Metering GmbH (2009): Intelligente Zähler – Welche Technik setzt sich in der Praxis spartenübergreifend durch. URL: http://www.24-7-metering.de/media/2/D0906250/0107102218/090506%20Smart%20Metering%20-%20welche%20Technologie%20setzt%20sich%20durch.pdf, Abruf am 19.02.2010.

Accenture (2008): Zukunftserwartungen über die Entwicklung der deutschen Energiewirtschaft mit Themenschwerpunkt Netze. URL: http://www.accenture.com/NR/rdonlyres/71425848-6CDC-4F98-86A3-CD1DDEB0008E/0/ACNDel phi_Ergebisse.pdf, Abruf am 19.02.2010.

BCG The Boston Consulting Group (2009): SMART 2020 Addendum Deutschland: Die IKT-Industrie als treibende Kraft auf dem Weg zu nachhaltigem Klimaschutz. URL: http://www.bmwi.de/BMWi/Navigation/Service/publikationen, did= 323858.html, Abruf am 28.02.2010.

Bundesministerium für Wirtschaft und Technologie (BMWi) (2007a): Eckpunkte für ein integriertes Energie- und Klimaprogramm (IEKP). URL: http://www.bmwi.de/BMWi/Redaktion/PDF/E/eckpunkt-fuer-ein-integriertes-energie-und-klima programm,property=pdf,bereich=bmwi,sprache=de,rwb=true.pdf, Abruf am 19.02.2010.

Bundesministerium für Wirtschaft und Technologie (BMWi) (2007b): Nationaler Energieeffizienz-Aktionsplan (EEAP) der Bundesrepublik Deutschland. URL: http://www.bmwi.de/BMWi/Navigation/energie,did=223436.html, Abruf am 19.02.2010.

Capgemini Consulting Energy & Utilities (2009): Smart Metering: Der Schlüssel zum Erfolg liegt in der Ausgestaltung neuer, innovativer Vertriebsprodukte. URL: http://www.de.capgemini.com/m/de/tl/Smart_Metering.pdf, Abruf am 19.02.2010.

Craig, W. C. (2004): Zigbee: Wireless Control That Simply Works. URL: http://www.zigbee.org, Abruf am 19.02.2010.

Darby, S. (2006): The effectiveness of feedback on energy consumption. URL: http://www.eci.ox.ac.uk/research/energy/downloads/smart-metering-rep ort.pdf, Abruf am 19.02.2010.

Electronic Communications Committee (ECC) within the European Conference of Postal and Telecommunications Administrations (CEPT) (2002): ECC REPORT 11. URL: http://www.erodocdb.dk/docs/doc98/Official/Pdf/ECCRep 011.pdf, Abruf am 19.02.2010.

Energy Retail Association (2007): Smart Metering. URL: http://www.energy-retail.org.uk/smartmeters.html, Abruf am 19.02.2010.

Energy Retail Association (2008): SRSM and Beyond - Local Communications Development. URL: http://www.energy-retail.org.uk/smartmeters.html, Abruf am 19.02.2010.

Energy Retail Association (2009): Response to DECC Consultation on Smart Metering for Electricity & Gas. URL: http://www.energy-retail.org.uk/smartmeters. html, Abruf am 19.02.2010.

Enocean (2008): Standardization EnOcean Communication Profiles. URL: http://www.enocean.com/fileadmin/redaktion/pdf/tec_docs/Standardization_EnOcean_Communication_Profiles_V1.04.pdf

Frauenhofer Anwendungszentrum Systemtechnik (2008): Smart Metering - Chancen, Herausforderungen und Technologien. URL: http://www.rewi.uni-jena.de/rewimedia/Downloads/Energierechtsinstitut/Pres_Messwesen/Bretschneider. pdf, Abruf am 19.02.2010.

International Telecommunication Union (2009): New ITU standard opens doors for unified 'smart home' network. URL: http://www.itu.int/newsroom/press_releases/2009/46.html, Abruf am 19.02.2010.

Latuske, R. (o.J.): Bluetooth, ZigBee und IrDA. URL: http://www.ars2000.com/ Drahtlose-Netzwerke.pdf, Abruf am 19.02.2010.

Mountain, D. (2006): The Impact of Real-Time Feedback on Residential Electricity Consumption: The Hydro One Pilot. URL: http://www.reducemyenergy.com/PDF/Summary%20Results%20Hydro%20One%20Pilot%20-%20Real-Time%20Feedback.pdf, Abruf am 19.02.2010.

OFFIS - Institut für Informatik, SCC Schwarz Communication Consult, mpc management project coaching (2009): Untersuchung des Normungsumfeldes zum BMWi-Förderschwerpunkt „e-Energy - IKT-basiertes Energiesystem der Zukunft". URL: http://www.e-energie.info/documents/Zusammenfassung-2009-02-23_Untersuchung_des_Normungs-_und_Standardisierungsumfeldes_E-Energy(1).pdf, Abruf am 19.02.2010.

Open Smart Grid Users Group (2008): AMI Enterprise. URL: http://www.smart-gridipedia.org/index.php/AMI_Enterprise, Abruf am 19.02.2010.

Parker, D. S., Hoak, D., Cummings, J. (2008): Pilot Evaluation of Energy Savings from Residential Energy Demand Feedback Devices. URL: http://www.fsec.ucf.edu/en/publications/pdf/FSEC-CR-1742-08.pdf, Abruf am 19.02.2010.

Schmidt, F., Anders, A. (2007): Entscheidungshilfe Funkstandards - Welches Funksystem wann einsetzten. URL: http://www.enocean.com/fileadmin/redaktion/pdf/articles/perpetuum_funkstandards_de.pdf. Abruf am 28.02.2010.

Weka Fachmedien (2009): Wireless-M-Bus – der neue Smart-Metering-Standard. URL: http://www.elektroniknet.de/home/kommunikation/fachwissen/uebersicht/drahtlose-kommunikation/baugruppen-systeme/wireless-m-bus-der-neue-smart-metering-standard/, Abruf am 19.02.2010.

## Quellenverzeichnis

EnWG (2009): Energiewirtschaftsgesetz vom 07.07.2005 (BGBl. I S. 1970) mit allen späteren Änderungen in der Fassung vom 21.08.2009. In: BGBl. I S. 2870.

EO (2007): Eichordnung vom 12.08.1988 (BGBl. I S. 1657) mit allen späteren Änderungen in der Fassung vom 13.12.2007. In: BGBl. I S. 2930.

Richtlinie 2005/89/EG (2006): Richtlinie 2005/89/EG des Europäischen Parlaments und des Rates über Maßnahmen zur Gewährleistung der Sicherheit der Elektrizitätsversorgung und von Infrastrukturinvestitionen vom 18.01.2006 in der Fassung vom 04.02.2006. In: ABl.EU Nr. L 33 S. 22.

Richtlinie 2006/32/EG (2006): Richtlinie 2006/32/EG des Europäischen Parlaments und des Rates über Endenergieeffizienz und Energiedienstleistungen und zur Aufhebung der Richtlinie 93/76/EWG des Rates vom 05.04.2006 in der Fassung vom 27.04.2006. In: ABl.EU Nr. L 114 S. 64.

Richtlinie 2009/28/EG (2009): Richtlinie 2009/28/EG des Europäischen Parlaments und des Rates zur Förderung der Nutzung von Energie aus erneuerbaren Quellen und zur Änderung und anschließenden Aufhebung der Richtlinien 2001/77/EG und 2003/30/EG vom 23.04.2009 in der Fassung vom 05.06.2009. In: ABl.EU Nr. L 140 S. 16.

Richtlinie 2009/72/EG (2009): Richtlinie 2009/72/EG des Europäischen Parlaments und des Rates über gemeinsame Vorschriften für den Elektrizitätsbinnenmarkt und zur Aufhebung der Richtlinie 2003/54/EG vom 13.07.2009 in der Fassung vom 14.08.2009. In: ABl.EU Nr. L 211 S. 55.

MessZV (2008): Messzugangsverordnung vom 17.08.2008 (BGBl. I S. 2006) in der Fassung vom 17.08.2008. In: BGBl. I S. 2006.

Weitere Informationen zu diesem Thema finden Sie in: „Effiziente Architekturen und Technologien zur Realisierung von Smart Metering im Bereich der Nahkommunikation“ von Christian Schäfer.

ISBN: 978-3-640-63865-9

http://www.grin.com/de/e-book/152069/